AF356857

CATALOGUE

DE LA

BIBLIOTHÈQUE

DE FEU

le Marquis E. de SALVERT BELLENAVE

Ingénieur en Chef de 1re Classe du Génie Maritime
Officier de la Légion d'Honneur
Membre de la Société des Amis des Livres
des Cent Bibliophiles, etc.

QUATRIÈME PARTIE

ŒUVRE GRAVÉ DE FÉLICIEN ROPS

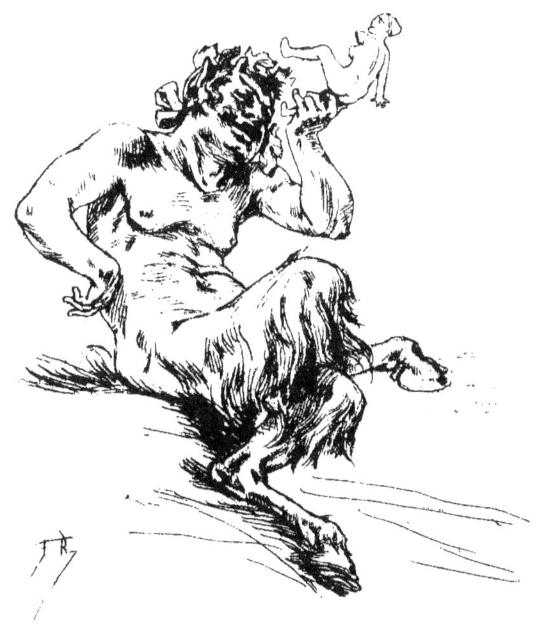

Me ANDRÉ DESVOUGES.

M. A. DUREL.
M. LOYS DELTEIL.

IMPRIMERIE

FRAZIER-SOYE

153-155-157, Rue Montmartre

PARIS

CATALOGUE

DE LA

BIBLIOTHÈQUE

DE FEU

le Marquis E. de Salvert Bellenave

QUATRIÈME PARTIE

ŒUVRE GRAVÉ

DE

FÉLICIEN ROPS

Dont la vente aura lieu

à Paris, HOTEL DROUOT, Salle N° 10

Le Jeudi 23 Décembre 1909

à 2 heures précises

Par le Ministère de M⁰ ANDRÉ DESVOUGES

COMMISSAIRE-PRISEUR

26, Rue de la Grange-Batelière

ASSISTÉ DE

MM. A. DUREL, *21, rue de l'Ancienne Comédie.*

LOYS DELTEIL, *2, Rue des Beaux-Arts.*

CONDITIONS DE LA VENTE

Elle sera faite au comptant.

Les adjudicataires paieront *dix pour cent* en sus des enchères.

MM. A. Durel et Loys Delteil rempliront les commissions que voudront bien leur confier les amateurs ne pouvant y assister.

MM. les amateurs pourront visiter la collection, 2, *rue des Beaux-Arts*, du Mardi 14 au Samedi 18 Décembre 1909, de 2 heures à 5 heures.

CATALOGUE

DE LA

BIBLIOTHÈQUE

DE FEU

le Marquis E. de SALVERT BELLENAVE

QUATRIÈME PARTIE

ŒUVRE de Félicien ROPS

805. Prêtre russe (E. Ramiro 43). Très belle épreuve sur japon, *signée*.

806. La grande Femme à la fourrure, assise (46). Très belle épreuve sur japon, *signée*.

807. Amour Sénile (47). Superbe épreuve, avec un *important croquis à la plume*, en marge : *Coquetterie*.

808. Paysage Brabançon (48) — L'Oracle du Hameau (95). Deux pièces tirées sur la même feuille, *signées*.

809. Oude - Kate (60). Très belle épreuve, *signée*.

810. Rosaire et rosière (69). Très belle épreuve sur japon, *signée*, avec 2 *croquis* en marge.

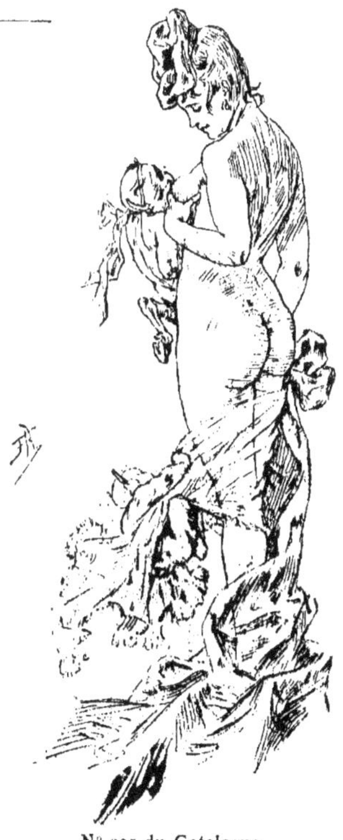

N° 921 du Catalogue.

811. Complaisance (77). Superbe épreuve.

812. Petite Sorcière (79). Très belle épreuve *avec croquis au crayon noir, " Près Sofia, 1879 "*, en marge.

813. Misanthropie (83). Belle épreuve sur japon, *signée*.

814. La Dame au carcel (85). Superbe épreuve, *rehaussée et signée*.

815. Zud-West (86). Très belle épreuve sur japon, *signée*.

816. La même estampe. Belle épreuve sur japon, *signée*, avec *croquis " Bain du matin "*, en marge.

817. Seule ! (94). Très belle épreuve, *rehaussée* et *signée*.

818. Vieux Faune (96). Très belle épreuve, *signée*.

819. Le Doigt dans l'œil (99). Très belle épreuve sur japon, *signée*, avec *croquis* au crayon noir, rehaussé d'un *" Vieux Polichinelle "*, en marge.

820. La Vieille à l'aiguille (100). Très belle épreuve sur japon, *signée*.

821. Bébé (103). Très belle épreuve du 2ᵉ état, sur japon, avec *croquis* en marge, signée.

822. La même estampe. Très belle épreuve du 3ᵉ état, sur japon, *signée*.

823. Garçon brasseur bruxellois (104). Très belle épreuve sur japon, *signée*.

824. Sortie de bal (105). Très belle épreuve, *signée*.

825. La Buée d'automne en Ardenne (109). Très belle épreuve sur japon, *signée*.

826. Les Laveuses, 1ᵉʳ fragment de la Buée d'Automne (110). Très belle épreuve, *signée*.

827. La Vieille Masken, servante anversoise (112). Très belle épreuve d'état, *signée*.

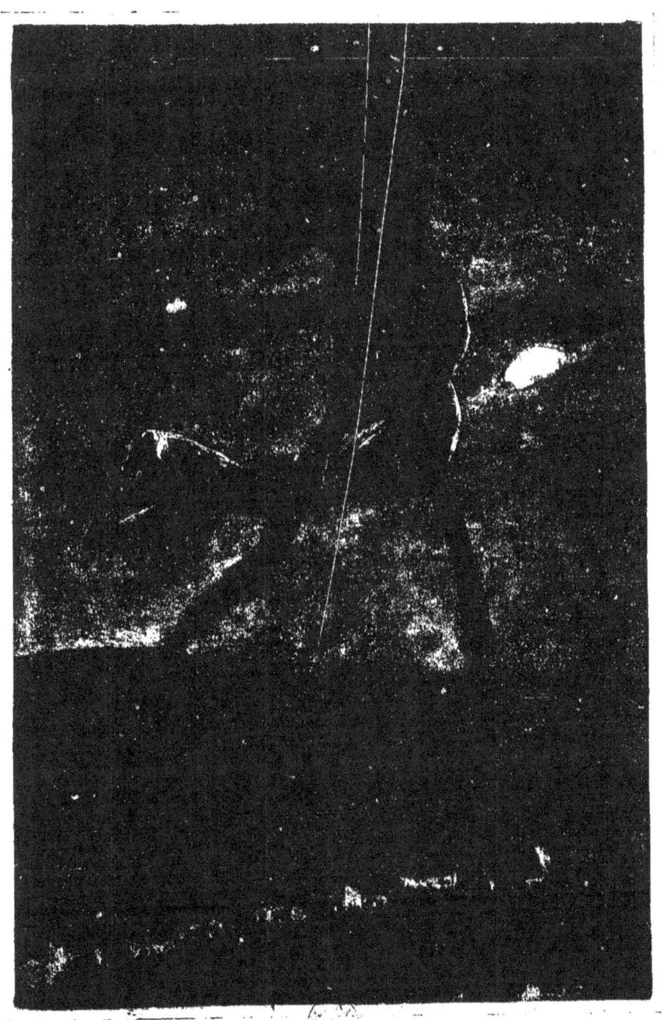

Nᵒ 867 du Catalogue.

828. Compagnons de Box (115). Très belle épreuve sur japon, *signée*.

829. Celle qui fait celle qui lit Musset (124). Très belle épreuve sur japon, *signée*, avec en marge, un beau *croquis à la plume*, accompagné de la légende suivante : *Mon vieux je t'envoie « la Colère » mettons « l'Indignation » pour ta femme! en dessous de « Celle qui fait celle qui lit Musset » A toi F. R.*

830. La Dernière Maja (126). Superbe épreuve *avant* les derniers travaux, sur japon, *signée*.

831. Ma Golonelle! (127). Très belle épreuve, sur japon, *signée*.

832. Au Jardin (129). Très belle épreuve sur japon, *signée*.

833. Le Semeur des Paraboles, grande planche (130). Très belle épreuve.

834. La Sieste, grande planche (131). Très belle épreuve retouchée, *avec croquis à la plume « La Méridienne »*, en marge. Signée.

835. La Vieille aux Fleurs de lys (135). Très belle épreuve sur japon, signée. En marge, *deux croquis à la plume, les Pauvres vieilles!* (Vendangeuse et Très vieille).

836. Ma Goutte (137). Très belle épreuve sur japon, *signée*, avec *annotations manuscrites* de Rops.

837. Le Rappel (139). Très belle épreuve sur japon, *signée*.

838. Petite Bretonne (140). Très belle épreuve, avec l'envoi suivant : *Je t'envoie une Bretonne, cela n'a qu'un mérite : la ressemblance. A toi Fély.*

839. Frontispice des Œuvres inutiles et nuisibles (145). Très belle épreuve sur japon.

840. Le Train des Maris (146). Très belle épreuve sur japon, *avec légende manuscrite* de Rops, *signée*.

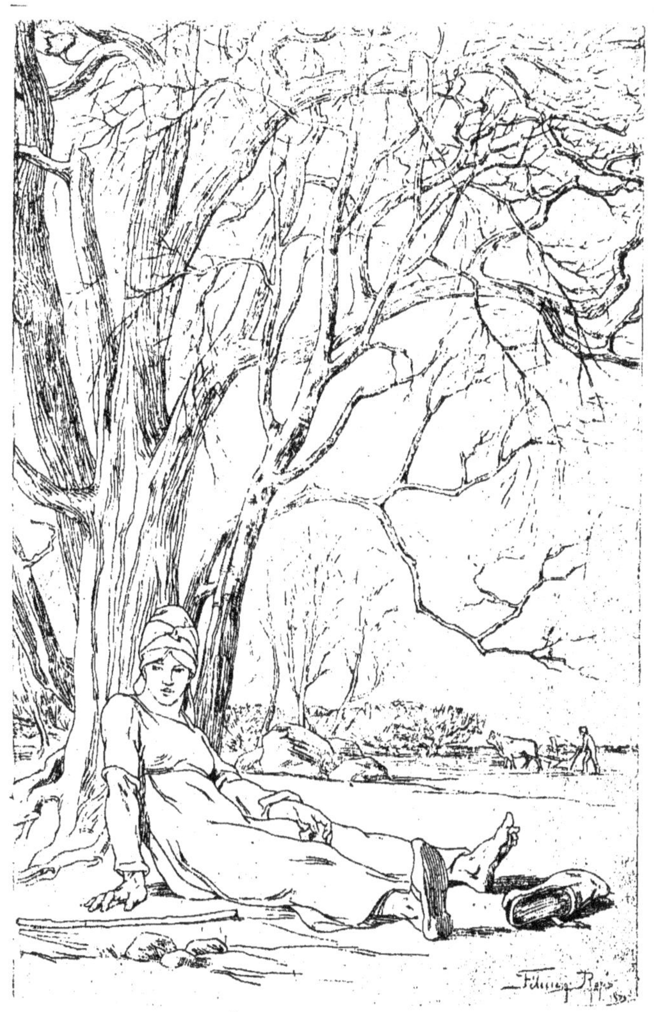

Nº 852 du Catalogue.

841. Douce Folie (147). Très belle épreuve du 1ᵉʳ état, sur japon, *signée*.

842. Guerrière (148). Superbe épreuve sur japon, *avec légende manuscrite* de Rops en marge, *signée*.

843. Le Sphynx, grande planche (149). Très belle épreuve, *signée*.

844. La Poupée du Satyre (150). Superbe épreuve sur japon, *signée*.

845. Dans l'Atelier (151). Très belle épreuve du 1ᵉʳ état, sur japon, *signée avec croquis*, en marge.

846. Juillet (153). Très belle épreuve sur japon, *signée*.

847. Frontispice d'une suite d'œuvres libres (154). Très belle épreuve sur japon, *signée*.

848. Beurre d'Isigny (155). Très belle épreuve, sur japon, *signée*,

849. Ma Grand'Tante (158). Superbe épreuve, avec essais d'aquatinte en marge, *signée*.

850. Le Docteur Filleau (161). Très belle épreuve sur japon, *signée*, avec *croquis à la plume « En Zélande »*, en marge.

851. La même pièce. Très belle épreuve sur japon, *signée*.

852. Les Champs (166). Très belle épreuve sur japon, *signée*.

853. O Nature ! (168). Très belle épreuve sur japon.

854. Modernité (171). Superbe épreuve *avec* le mot : *Académie*, sur la banderolle, *signée*.

855. La Colère (173). Très belle épreuve du 1ᵉʳ état, sur japon, *signée*.

856. L'Attente (184). Belle épreuve.

857. Les Bateaux (203). Très belle épreuve, *signée*.

858. L'Ermite de la forêt (212). Très belle épreuve sur japon.

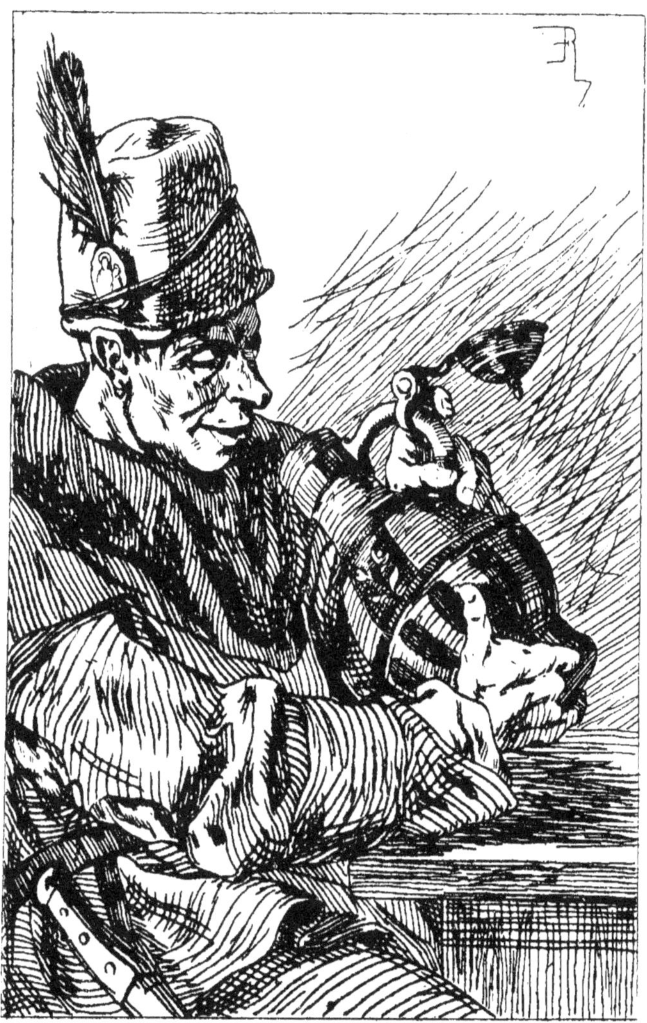

N° 899 du Catalogue.

859. La Fauconnière (213). Très belle épreuve, *signée*.

860. Bas-relief (216). Très belle épreuve sur japon.

861. La Belle Madame X... (217). Très belle épreuve du
1ᵉʳ état, sur japon, *signée*.

862. La même estampe. Très belle épreuve du 2ᵉ état,
sur japon, *avec croquis à la blume*, accompagné
de la légende suivante : « *Élève Rops, vous me
» copierez deux fois le verbe : Poussé par un
» esprit machiavélique, j'ai reproduit mécham-
» ment les traits de mon professeur de Mathé-
» matiques supérieures.* »

863. Paniconographie (218). Très belle épreuve, sur
japon.

864. La même estampe. Très belle épreuve, rehaussée.

865. Médecine expérimentale (219). Très belle épreuve.

866. Satan créant les Monstres (221). — Les Monstres
ou la Genèse (222). Deux pièces. Très belles
épreuves, la 1ʳᵉ *signée*.

867. Les Sataniques (223-227). Suite complète de cinq
pièces. Superbes épreuves sur japon, *signées*.

868. Voyage au pays des vieux dieux (228). Superbe
épreuve sur japon.

869. Mamzelle Gavroche (232). Très belle épreuve sur
japon. *signée*.

870. Transformisme, nᵒ 1 (234) — Madame Grégoire —
Paysage simple. Trois pièces sur deux feuilles.
Belles épreuves.

871. La Dame au cochon, grande planche (239). Belle
épreuve sur japon.

872. A toi caporal ! (240). Très belle épreuve du 1ᵉʳ état,
sur japon.

873. En Visite (241). Superbe épreuve sur japon.

874. God of the Mother Superior (242). Superbe
épreuve sur japon.

875. Impudence (243). Très belle épreuve sur japon, *rehaussée.*

876. Louis XIV ! (245). Très belle épreuve du 1ᵉʳ état, sur japon.

877. Ma fille, Monsieur Cabanel (246). Très belle épreuve du 1ᵉʳ état.

878. La même estampe. Très belle épreuve sur japon, *signée.*

879. Satyriasis (249). Très belle épreuve sur japon, *signée.*

880. La Sirène (250). Très belle épreuve sur japon.

881. Sapho (251). Belle épreuve.

882. La Joueuse de flûte (253). Très belle épreuve *rehaussée* et avec *légende manuscrite* de Rops.

883. Le Major est si difficile (255). Très belle épreuve, sur japon, *signée.*

884. Le Ravissement de sœur Marie Alacoque (259). Superbe épreuve du 1ᵉʳ état, sur japon, avec *croquis à la plume,* en marge.

885. Puberté (261). Très belle épreuve.

886. Sᵗᵉ Thérèse (262). Très belle épreuve.

887. Le Pêcher mortel (266). Très belle épreuve.

888. Nubilité (267). Très belle épreuve.

889. La Marchande d'oiseaux (269). Très belle épreuve, *signée.*

890. Messaline (270). Très belle épreuve.

891. Madeleine (271). Superbe épreuve.

892. Offertoire (280). Très belle épreuve.

893. La Défense du Budget, menu (286) — Lettrine de Tobynn. — Croquis. Trois pièces. Très belles épreuves.

894. Lettrine pour Octave Uzanne (327). Très belle épreuve, sur japon, *signée*, avec *croquis à la plume*, en marge.

895. La Chrysalide (330). Très belle épreuve, sur japon, *signée*.

896. Les DIABOLIQUES, par Barbey d'Aurevilly, grandes planches (339-347) : Le Sphinx, frontispice — Le Rideau cramoisi — Le plus bel amour de Don Juan — Le Dessous de cartes d'une partie de whist — A un dîner d'athées — Le Bonheur dans le crime — La Folie et la Prostitution dominant le Monde. Sept pièces (d'une suite de 9). Très belles épreuves, *signées*.

897. Les DIABOLIQUES, petites planches (par F. Courboin). Suite complète de neuf pièces. Très belles épreuves, sur japon, *signées*.

898. Le Massage, grande planche (351). Très belle épreuve, sur japon, *signée*.

899. Le Buveur (350). Très belle épreuve du 1ᵉʳ état.

900. Cathéchisme des Gens mariés, frontispice (399). Très belle épreuve d'état, sur japon, *signée*.

901. Histoire de la Sᵗᵉ chandelle d'Arras, frontispice (400). Très belle épreuve *avec* les croquis, *signée*.

902. La Fleur lascive orientale, grande planche (403). Très belle épreuve, *signée*.

903. Art moderne (413). Très belle épreuve, *signée*, avec un *croquis pastellisé " En Négligé "*, en marge.

904. La Femme à la fourrure debout (415). Superbe épreuve du 2ᵉ état, sur japon, *signée*.

905. Le Roman d'une nuit, frontispice, grande planche (418). Très belle épreuve, *signée*.

906. Frontispice pour *Curieuse*, par Joséphin Péladan (427). Très belle épreuve, sur japon, *signée*.

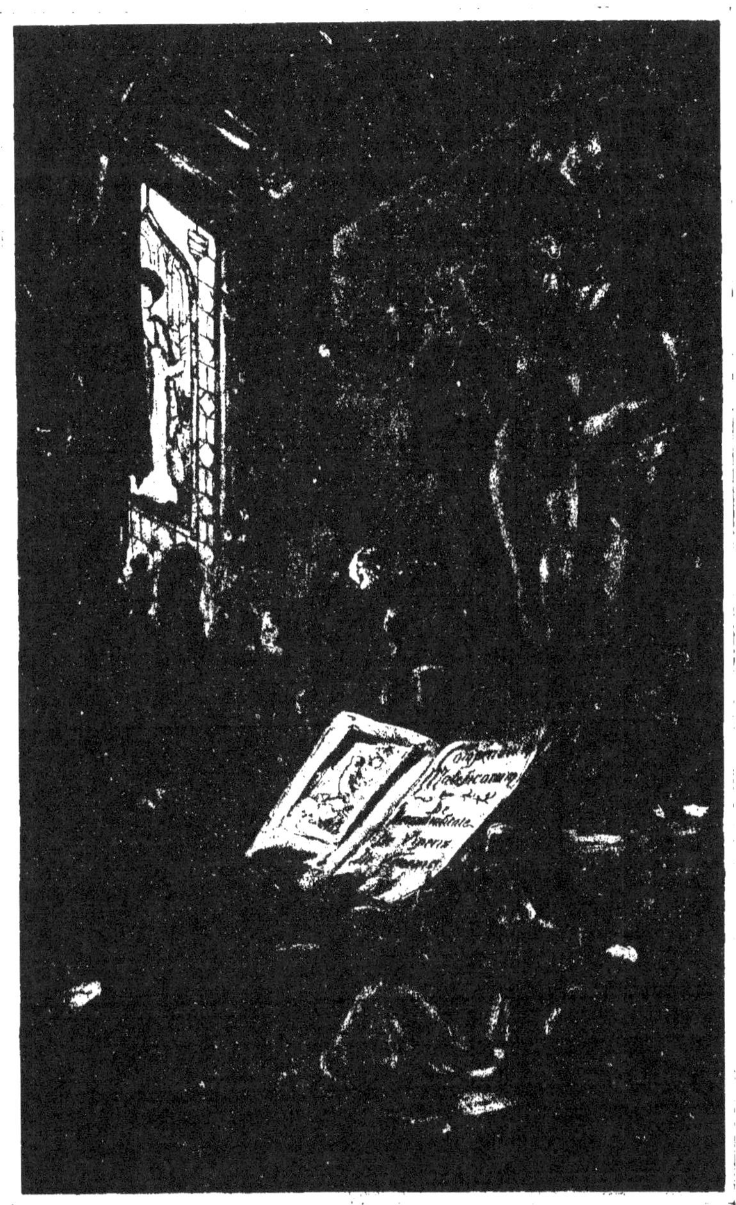

Nᵒ 915 du Catalogue.

907. Frontispice pour le *Vice suprême*, par Péladan (428). Très belle épreuve, avec *croquis à la plume « Finis Latinorum ! Roma 1884 »*, en marge.

908. Frontispice pour la *Sphère de la Lune* (434). Deux états. Très belles épreuves.

909. L'Amour à travers les âges (445). Très belle épreuve, sur japon, *signée*.

910. Les Exercices de dévotion de M. Roch, grande planche (449). Très belle épreuve, *signée*.

911. Planche d'ensemble : La Vieille à l'aiguille, Bébé, Garçon brasseur (496). Superbe et très rare épreuve du 1ᵉʳ état, *avant* 2 autres croquis, *signée*.

912. Petit Modèle (533). Très belle épreuve, sur japon, *signée*.

913. Premier pas (534). Très belle épreuve du 1ᵉʳ état, *rehaussée* et *signée*.

914. La Cuisine de l'auberge des Artistes, à Anseremme (538). Très belle épreuve, *signée*.

915. Evocation ou Incantation (540). Superbe épreuve sur japon, *signée*.

916. Plénipotentiaire (557). Superbe épreuve sur japon, *signée*.

917. La même estampe. Très belle épreuve sur japon, *signée*.

918. Frontispice pour *Parallèlement*, de Paul Verlaine, grande planche (558). Très belle épreuve sur japon, *signée*.

919. La Messagère du Diable (561). Superbe épreuve sur japon, *signée*.

920. Mater Dolorosa (567). Très belle épreuve, *signée*.

921. La Nourrice aux satyrions (573). Très belle épreuve sur japon, *signée*.

922. Spasme ou Aspiration (616). Superbe épreuve sur japon, *signée*.

923. Le Cœur sur la main (621). Superbe épreuve sur japon, *avec légende manuscrite* de Rops.

924. La Luxure ou le Pilori (624). Très belle épreuve.

925. Courtoisie exagérée (627). Superbe épreuve, *signée*.

926. La Meunière et le Gas Meunier (628). Très belle épreuve.

927. Maturité (637). Très belle épreuve sur japon.

928. Frontispice pour *Un Document sur l'impuissance d'aimer*, de J. de Tinan (660). Très belle épreuve sur japon, *signée*.

929. La Grande Lyre. frontispice pour *Poésie*, de Mallarmé (678). Très belle épreuve d'état, sur japon, *signée*.

930. Frontispice pour A cœur perdu. Très belle épreuve, *signée*.

931. Femme en buste, accoudée. Crayon noir, rehaussé de pastel. Signé.

932. Curiosité. Belle épreuve avec *Croquis au crayon noir, rehaussé*, en marge.

933. La même pièce. Epreuve rehaussée.

934. Le Bout du Sillon, par A. Bertrand. Très belle épreuve sur japon.

RASSENFOSSE (Armand)

935. Devant la Glace. Très belle épreuve du 1ᵉʳ état, *timbrée*.

936. Le Maillot — Femme à l'arc. Deux pièces. Très belles épreuves, *timbrées*.

937. Danseuse — Femme nue mettant sa chaussure. Deux pièces. Très belles épreuves, *timbrées*.

STEINLEN (Th. A.)

938. La Sortie des trois Midinettes. Très belle épreuve
tirée en 2 tons, *numérotée.*

MORDANT (Daniel)

939. Sous le Directoire, d'apr. Edelfelt. — Mère et
Enfant, d'apr. E. Carrière. Deux pièces. Belles
épreuves, *signées.*

Imp. Frazier-Soye, 153-157, rue Montmartre, Paris.